DAS IST DAS

INLINE-SKATINGBUCH

VON

. . . .

MEIN ERSTES INLINE-SKATINGBUCH

Detlev Patz

FALKEN

Inhalt

Inline-Skating – ein gesunder Sport

Du möchtest das Inline-Skating lernen oder kannst es vielleicht schon ein wenig. In diesem Buch erfährst du einiges über die Vielfalt des Inline-Skatings. Es ist eine Sportart genau wie Fußball, Basketball, Leichtathletik oder Schwimmen. Inline-Skating ist sogar ein sehr gesunder Sport, bei dem du deine Kondition verbesserst. Um das zu spüren, musst du allerdings regelmäßig laufen. Außerdem bist du beim Inline-Skating die ganze Zeit an der frischen Luft, es sei denn, du läufst in der Halle.

Inline-Skating ist ein Sport, bei dem du dich auf acht Rollen bewegst. Das Einüben und Ausprobieren von neuen Figuren ist spannend und fördert deine Geschicklichkeit.

Beim Inline-Skating gibt es feste Regeln, wenn es um das Thema der Sicherheit geht. Wie du aber auf deinen Skates läufst, das bleibt ganz allein dir überlassen. Somit sind Inline-Skater nicht nur Sportler. Sie sind zudem auch Künstler, weil jeder seinen eigenen Laufstil hat.

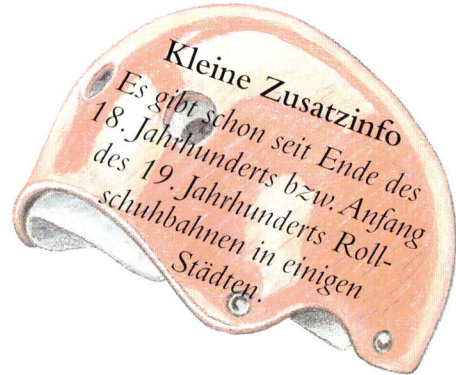

Kleine Zusatzinfo
Es gibt schon seit Ende des 18. Jahrhunderts bzw. Anfang des 19. Jahrhunderts Rollschuhbahnen in einigen Städten.

Das Tolle am Inline-Skating ist, dass du es nicht verlernst. Wer einmal seine Rollen beherrscht, der wird es immer wieder tun. Das ist wie beim Roller- oder Fahrradfahren. Auch wenn man länger nicht fährt, verlernt man es nicht.

Der Name Inline-Skates stammt aus dem Englischen. Der englische Ausdruck in-line (sprich: inlein) bedeutet auf Deutsch: in einer Linie. Skate (sprich: skeit) ist ebenfalls ein englischer Ausdruck und bedeutet: Rollschuh oder Schlittschuh. Ein Inline-Skate ist also ein Schuh, an dem Rollen befestigt sind, die hintereinander in einer Linie stehen.

Mein Inline-Skating-Steckbrief

Vorname:

....

Nachname:

....

Alter:

....

Meine Stärken:

....

....

Hier kannst du
ein Bild von dir
auf Inline-Skatern einkleben.

Vom Schlittschuh zum Inline-Skate

Schlittschuhe gibt es seit fast tausend Jahren. Anfangs wurden sie aus Tierknochen gefertigt. Im Sommer waren sie zwecklos.

Schon vor zweihundert Jahren gab es erste Versuche Räder an den Schlittschuhen zu befestigen, um sich mit ihnen fortzubewegen.

Da es damals aber noch nicht überall die ebenen Straßenflächen gab, wie du sie heute vorfindest, fanden diese Versuche auf Parkettböden während eines Kostümfests statt. Die Rollen bestanden aus Holz. Der Erfinder scheiterte vor allem daran, dass er nicht wusste, wie er bremsen sollte.

Im 19. Jahrhundert wurden dann Rollschuhe entwickelt, die aus vier

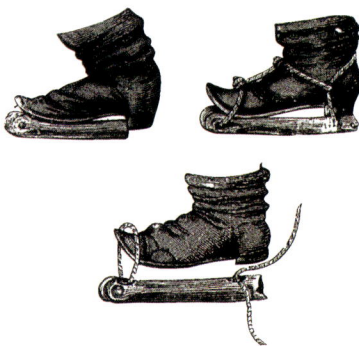

Der „Skating-Rink" im Tiergarten zu Berlin

Rädern bestanden. Die Räder standen paarweise nebeneinander. Vielleicht besitzt du selbst ein Paar Rollschuhe oder kennst sie von deinen Eltern. Du brauchst sie nicht wegwerfen. Viele der Spiele und Übungen in diesem Buch kannst du auch mit Rollschuhen durchführen.

Wann genau Inline-Skates entwickelt wurden, ist nicht klar. In Amerika haben Eishockeyspieler den Schuh mit den vier hintereinander gestellten Rollen entwickelt, damit sie auch im Sommer trainieren konnten. Inzwischen gibt es Inline-Skates mit drei, vier und fünf Rollen.

Vorgeschichtliche Knochenschlittschuhe

Die Ausrüstung

Die Inline-Skates

Wenn du ausprobieren möchtest, ob dir das Fahren auf Inline-Skates Spaß macht, brauchst du dir nicht gleich welche kaufen. Frage erst einmal in der Nachbarschaft nach oder erkundige dich bei Klassenkameraden, ob dir jemand seine leihen würde. Erkundige dich bei Freunden oder in Fachgeschäften umfangreich, bevor du dir Inline-Skates kaufst. Es gibt nämlich eine ganze Menge von Sorten. Für dich sind vor allem die so genannten Junior-Skates geeignet. Sie sollten vier Rollen besitzen. Kaufe nicht die Erstbesten, die du im Kaufhaus oder Sportgeschäft siehst. Übrigens, auch Fahrradgeschäfte bieten inzwischen Inline-Skates an. In größeren Städten gibt es richtige Fachgeschäfte, in denen man Inline-Ausrüstungen kaufen kann.

In vielen Geschäften werden immer wieder Billigprodukte um DM 50,- angeboten. Das erscheint vom Preis her für dich zunächst recht reizvoll zu sein. Diese Inline-Skates sind auch von der Qualität her recht billig. Sie rollen nicht gut. Die Füße werden nur schlecht oder gar nicht belüftet und schließlich halten sie auch nicht lange. Hinzu kommt, dass bei den billigen Inline-Skates die Rollen oftmals nicht austauschbar sind. Der Innenschuh fehlt bei vielen dieser Produkte.

Der Preis

Gute Inline-Skates sind meist erst ab DM 100,- erhältlich. Sehr gute Skates bekommst du ab DM 200,-.

Deine Füße wachsen noch. Kaufe deshalb Inliner, die etwas größer sind. So sparst du Geld. Den Größenunterschied kannst du ausgleichen, indem du über deine Strümpfe noch ein Paar dicke Socken ziehst. Versuche deine Inline-Skates zu verkaufen, wenn deine Füße zu groß geworden sind.

Checkliste
für den Kauf von Inline-Skates

	Ja	Nein
Darfst du im Geschäft ausprobieren, ob die Inline-Skates bequem sind?		
Haben die Inliner einen Innenschuh?		
Laufen die Rollen gut?		
Nimmt der Laden gebrauchte Inliner in Zahlung?		
Wird dir bei der Reparatur geholfen?		
Lässt sich der Schuh leicht verschließen?		
Gibt es Ersatzteile für die Marke, die dich interessiert?		

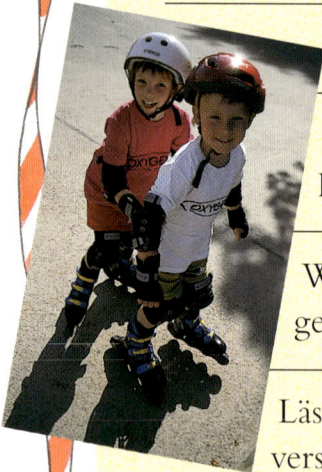

Wenn dir beim Kauf diese Fragen mit Ja beantwortet werden, dann kannst du ziemlich sicher sein, dass du an ein gutes Geschäft geraten bist.

Meine Schuhgröße ist:

....

Falls er Risse aufweist oder gar gebrochen ist, musst du dir einen neuen anschaffen, weil dein Helm dich sonst nicht mehr bei einem Sturz schützt.

Die Schutzausrüstung

In der Fachsprache der Inline-Profis wird oft von Equipment gesprochen. Equipment ist der Ausdruck für Ausrüstung. Du brauchst beim Inline-Skating Schutzkleidung, damit du dich bei Stürzen nicht unnötig oder höchstens leicht verletzt.
Die Schutzausrüstung kostet mindestens so viel wie ein Paar Inline-Skates, also zwischen DM 100,– und DM 200,–.

Der Helm

Der wichtigste Teil deiner Ausrüstung ist der Helm. Wenn du bei einem Sturz auf den Kopf fällst, schützt er dich vor folgenschweren Verletzungen, die sehr böse ohne Helm ausgehen. Überprüfe deinen Helm nach jedem Sturz.

Die Knieschützer

Die Knieschützer helfen, Verletzungen an den Knien zu vermeiden. Falls du hinfällst und keine Knieschützer trägst, bekommst du Hautabschürfungen und Prellungen. Wenn du eine lange Hose unter den Knieschützern anziehen willst, musst du darauf achten, dass sie weit und bequem ist. Das ist für deine Bewegungsfreiheit wichtig.

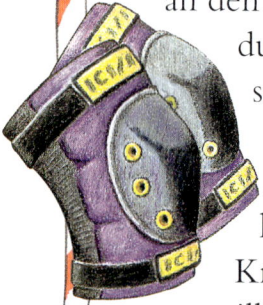

Die Ellbogenschützer

Die Ellbogenschützer haben die gleiche Funktion wie die Knieschützer, nur dass sie eben die Ellbogen vor den üblichen Verletzungen schützen.

Auch hier gilt, wenn du nicht gerade mit kurzen Ärmeln läufst, trage weite bequeme Oberbekleidung. Außerdem sieht es toll aus, wenn die Sachen beim Laufen ein wenig flattern.

Die Handgelenkschützer

Die Handgelenkschützer sind ebenfalls sehr wichtig. Einen Sturz wirst du in der Regel mit den Händen abzufangen versuchen. Manchmal ist der Aufprall so groß, dass du dir ohne die Schützer die Handgelenke verstauchen, im schlimmsten Fall sogar brechen könntest.

Um Abschürfungen an den Händen zu vermeiden, kannst du zusätzlich noch Handschuhe tragen.

Beim Kauf der Schutzkleidung ist es ratsam, dass du dich gut beraten lässt.

Lass dir im Laden zeigen, wie die Schutzausrüstung richtig angelegt wird. Dafür brauchst du Zeit. Wenn sich der Verkäufer oder die Verkäuferin keine Zeit für dich nimmt, bist du im falschen Geschäft.

Kleine Zusatzinfo

Der Erfinder der Inline-Skates heißt Friedrich Mayer. Er hat kein Geld mit seiner Erfindung verdient, da sich zunächst niemand dafür interessierte.

Zeichenrätsel

Hier siehst du einen Inline-Skater, der seine Schutzausrüstung vergessen hat. Die Teile der Schutzausrüstung liegen alle auf dieser Seite verstreut. Suche für den Inline-Skater die fehlenden Teile. Wenn du ein Teil gefunden hast, streiche es auf der Seite durch. Male es dann an den Körper. Die richtigen Lösungen findest du auf Seite 14.

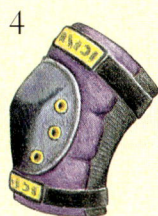

1

2

3

4

5

6

7

Pflege und Wartung der Inline-Skates

TIPPS ZUR PFLEGE DES SCHUHS UND INNENSCHUHS

1. Nimm den Innenschuh heraus.

2. Drehe deinen Inline-Skate mit den Rollen nach oben, damit kein Wasser in das Kugellager kommt.

3. Säubere den Schuh jetzt vom Dreck, dabei kannst du einen Lappen und handwarmes Wasser nehmen.

4. Den Innenschuh solltest du einmal in der Woche herausnehmen und lüften. Am besten ist es, wenn du diese Arbeit abends machst. Du kannst dann am nächsten Tag nach der Schule wieder losfahren. Lege den Innenschuh nie an eine Heizung oder direkt in die Sonne.

Lösungen vom Zeichenrätsel auf Seite 13:

An die Handgelenke gehören: 1, 7

An die Ellbogen gehören: 3, 6

An die Knie gehören: 2, 4

Auf den Kopf gehört: 5

Die Inline-Skates sind meist aus Hartplastik. Du kannst Geld sparen, wenn du deine Inliner gut pflegst. Gründliche Pflege ist wichtig für deine Sicherheit.

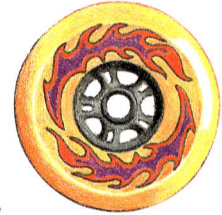

Säubere den Schuh immer, wenn er beispielsweise durch Sand oder Matsch verdreckt ist.

Es ist wichtig, dass du dich mit den Rollen vertraut machst. Pflege sie regelmäßig, damit das Laufen Spaß macht.

Schließlich noch etwas für deine Sicherheit. Tausche den Stopper aus, wenn er abgenutzt ist. Sonst kannst du nicht mehr bremsen.

Die Wartung der Rollen

Die Rollen nutzen sich beim Laufen ab. Besonders anfällig sind die Innenkanten der Rollen, da sie besonders stark beansprucht werden.

Die vordere und die hintere Rolle am linken und am rechten Schuh nutzen

sich stärker ab, als die beiden Rollen dazwischen.

Du musst dir aber keine neuen Rollen kaufen, wenn sich die vordere und hintere Rolle abgenutzt haben. Es gibt nämlich einen Trick, wie du die Lebensdauer deiner Rollen erheblich verlängern kannst. Eventuell brauchst du dafür etwas Hilfe von deinem Vater oder deiner Mutter.

Das Austauschen der Rollen ist ganz einfach.

Am besten gehst du so vor: Schreibe auf die Innenseite beider Schuhe von vorne nach hinten die Zahlen 1–4. Beim rechten Schuh ist das die linke Seite der Rollen, beim linken Schuh die rechte. Nimm für die Rollen des rechten Schuhs einen blauen, für die des linken einen roten Stift.

Auf den folgenden Bildern kannst du sehen, wie genau das Austauschen der Rollen funktioniert:

durcheinander kommst. Die wasserfesten Stifte verhindern ein Verwischen der Zahlen.

2. Löse mit dem Inbus- oder Schraubenschlüssel, der beim Kauf der Inliner dabei sein sollte, alle Muttern. Wenn du keinen passenden Schlüssel findest, frage deine Eltern danach.

3. Lege die Rollen in der Reihenfolge 1–4 zur Seite. Am einfachsten ist es, wenn du die blau markierten Rollen nach rechts legst. Die rot markierten Rollen legst du am besten nach links. So kommst du nicht durcheinander.

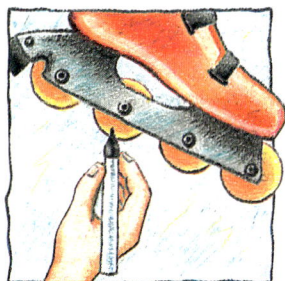

1. Markiere die Rollen mit wasserfesten Stiften, damit du beim Wechsel der Rollen nicht

4. Danach drehst du eine Rolle nach der anderen herum. Merke dir genau, wie sie liegen. Die Zahlen zeigen jetzt nach unten.

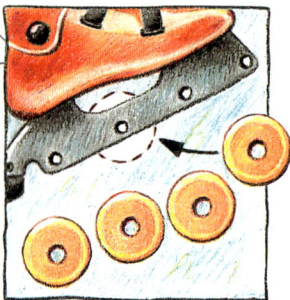

5. Schau dir nun die Zeichnung genau an. Die Rolle mit der Zahl 1 kommt an die Position, wo vor dem Austauschen die 3 war.

Die Zahl muss nach dem Wechseln nach außen zeigen. Das gilt auch für die anderen Rollen.

Wenn die Rolle an der richtigen Position liegt, wird sie mit den Muttern befestigt. Alle anderen Rollen auch.

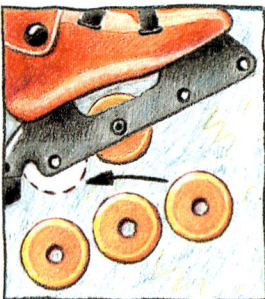

6. Die Rolle mit der Zahl 2 kommt an die Position der vorherigen 4.

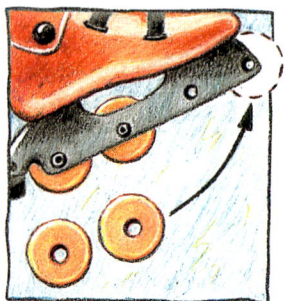

7. Die Rolle mit der Zahl 3 musst du ganz vorne befestigen. An dieser Stelle lag vorher die Rolle mit der Zahl 1.

8. Nun bleibt nur noch Rolle Nummer 4 übrig. Sie gehört an die zweite Stelle.

9. Mache dasselbe mit dem zweiten Inline-Skate.

Nun kannst du eine ganze Zeit fahren. Besorge dir neue Rollen, wenn die Rollen wieder abgenutzt sind. So gefährdest du deine Sicherheit nicht.

Das Wechseln des Stoppers

Der Stopper am hinteren Teil deines Inline-Skates muss ausgetauscht werden, wenn er abgenutzt ist.

Dazu löst du zunächst Schraube und Mutter. Danach nimmst du den alten Stopper ab und schraubst den neuen an.

Kleine Zusatzinfo
In der Schweiz gibt es den größten Inline-Park Europas. Dort hat man künstliche Hügel aus Asphalt angelegt, wo die Inlinesportler fahren können.

Sicherheit ist wichtig!

Bevor du mit deinen Inline-Skates losfährst, musst du dir überlegen, wo du überhaupt fahren kannst.
Leider kann man nicht überall laufen, weil es zu gefährlich ist. Straßen und Radwege darfst du nicht benutzen, weil das noch verboten ist.
Geeignet sind freie Plätze, auf denen kein Auto fährt. Auch in Spielstraßen darfst du mit deinen Inlinern fahren.
Passe aber trotzdem auf Autos auf. Die Autofahrer dürfen hier zwar nur Schrittgeschwindigkeit fahren, aber leider halten sich nicht alle daran. Schrittgeschwindigkeit bedeutet, dass sie nicht schneller fahren dürfen, als ein Fußgänger geht.
Nach Schulschluss bieten sich Schulhöfe zum Inline-Skating an. Das ist aber nicht auf allen Schulhöfen erlaubt. Sprich mit deinen Lehrern und frage auch deine Eltern, ob du mit deinen Freunden am Nachmittag auf dem Schulhof laufen darfst. Dort ist es ungefährlich, weil keine Autos fahren.

In manchen Städten gibt es Hallen für Inline-Skater. Dort läuft, wie in Eishallen auch, fetzige Musik.

Hier kannst du eintragen, wo du in deiner Nähe auf Inlinern laufen kannst:

....
....
....
....
....
....
....
....
....
....
....
....

TIPPS FÜR DEINE SICHERHEIT

1 Trage immer Schutzkleidung, der Helm ist am wichtigsten.

2 Laufe möglichst nur auf Straßen oder Plätzen ohne Autoverkehr.

3 Achte beim Laufen auf andere Leute und halte Abstand von ihnen.

4 Wenn du einen Fußgänger auf dem Gehweg überholst, mache dich durch Rufen bemerkbar. Bedanke dich, wenn er für dich Platz macht.

5 Laufe nie mit hoher Geschwindigkeit auf eine Wand oder Treppe zu.

6 Treppen darfst du nicht vorwärts heruntergehen. Wie du eine Treppe bewältigen kannst, steht auf Seite 53.

7 Wenn du eine Straße überquerst, fahre nicht über einen Gully. Die Sturzgefahr hierbei ist sehr groß.

8 Es gibt ein Schild, das du vielleicht schon in Geschäften gesehen hast. Es zeigt einen Inline-Skate, der durchgestrichen ist und bedeutet, dass du in dieses Geschäft nicht mit Inline-Skates an den Füßen hinein darfst.

9 Musik und Inline-Skating scheinen irgendwie zusammenzugehören. Es wirkt besonders sportlich. Doch einen Walkman darfst du beim Laufen nicht tragen, weil du Autos, Radfahrer und auch Fußgänger nicht hörst.

Die ersten Schritte

Wenn du die ersten Schritte auf Inlinern machst, erlebst du ein neues Gefühl. Alles scheint anders auszusehen als vorher. Das kommt daher, weil du mit Inlinern größer bist als ohne. Lass dich einmal mit und einmal ohne Inliner messen und kreuze das Ergebnis auf der jeweiligen Messlatte unten an. Kreuze auf der linken Messlatte an, wie groß du ohne Inliner bist. Auf der rechten Messlatte kannst du ankreuzen, wie groß du mit Inlinern bist. Falls du dich sehr unsicher auf deinen Beinen fühlen solltest, lässt du dir einfach von deinen Freunden oder Eltern helfen.

Nimm die Hand eines Partners und lass dich von ihm ziehen. Dein Partner sollte dabei keine Inliner tragen. Der Ort, an dem ihr übt, darf noch kein Gefälle haben, sonst wirst du zu schnell. Falls ihr nur an einem Ort mit Gefälle üben könnt, solltet ihr immer bergauf fahren, da du dann langsamer bist.

Achte jetzt schon darauf, dass dein Oberkörper und die Knie dabei leicht nach vorne gebeugt sind. Das ist sehr wichtig, damit du bei einem möglichen Sturz nicht auf den Rücken fällst. Beim Ausprobieren musst du immer daran denken, dass du erst mit einer neuen Übung beginnst, wenn du dich bei der vorherigen sicher fühlst. Falls dir ein Partner als Hilfe nicht ausreicht, bitte noch jemanden, der deine andere Hand hält.

200 cm
150 cm
100 cm
50 cm

200 cm
150 cm
100 cm
50 cm

Ziehen in der Hocke

Gehe in die Hocke und lass dich von einem oder zwei Partnern ziehen. Das ist schon ein kleines Kunststück.

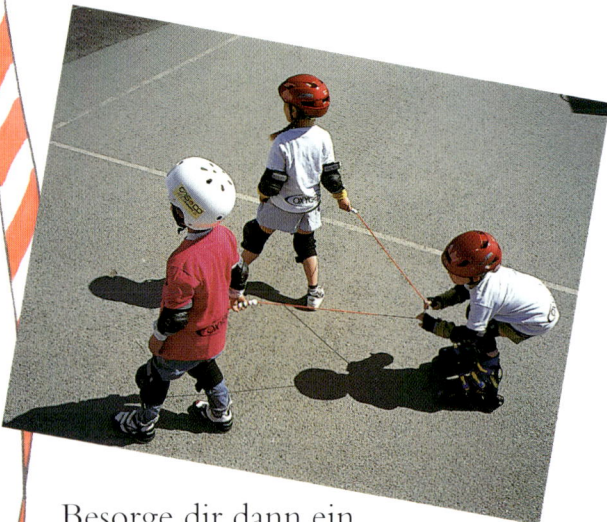

Besorge dir dann ein Springseil. Damit könnt ihr ähnliche Übungen machen. Deine Partner ergreifen jeweils ein Ende des Seils. Du hältst dich mit beiden Händen in der Mitte des Seils zwischen deinen Freunden fest und lässt dich ziehen. Sage deinen Partnern auch, wenn du dich unsicher fühlst, damit sie langsamer ziehen.

Denke daran: Oberkörper und Knie sind bei allen diesen Übungen leicht nach vorne gebeugt.

Sei nicht enttäuscht, falls du bei deinen ersten Inline-Skating-Versuchen hinfällst. Es wird nicht dein einziger Sturz bleiben. Das passiert auch Profis immer noch.

Jede Übung ist für dich neu, aber mit jeder wirst du auch besser. Wichtig ist nur, dass du dich nicht selbst überschätzt.

Wenn andere schon mehr können, liegt das daran, dass sie schon länger auf ihren Inlinern laufen. Echte Freunde geben dir Tipps für das Laufen auf Inlinern. Wenn ihr mehrere Springseile habt, könnt ihr die Übung von eben erweitern. Ihr knotet die Seile zusammen. Dein Partner, immer

Kleine Zusatzinfo
Der Weltrekord beim Hochsprung mit Inlinern über eine Schanze beträgt mehr als drei Meter.

noch ohne Inliner, ergreift das eine Ende, du das andere. Dein Partner bleibt stehen und zieht das Seil langsam zu sich heran. Du rollst dann langsam auf ihn zu, damit er nicht umfällt.

Diese Übung kannst du auch allein ausprobieren. Knote die zusammengebundenen Seile an einem Zaun oder Ähnlichem fest und ziehe dich dort hin. Dabei musst du nicht nur an die gebeugte Haltung von Oberkörper und Knie denken. Achte darauf, dass die Inliner nicht auf das Seil rollen. So würdest du leicht hinfallen. Wenn du diese Übung sicher kannst, kannst du sie anschließend noch einmal in der Hocke ausprobieren.

Wenn du willst, kannst du die Übungen auch verändern. Du kannst zum Beispiel etwas schneller werden oder eine leichte Kurve fahren.

Klebe hier ein Bild von
dir bei deinen ersten
Laufversuchen ein.

Aufstehen

Auf den vorangegangenen Seiten hast du vieles über Inline-Skating gehört. Du musst dein Gleichgewicht anders als beim Gehen ausbalancieren. Die Standfläche auf den Inlinern ist nämlich nicht so breit wie deine Füße. Hinzu kommt noch das Rollen.

TIPP

Vermeide zu Beginn noch das Fahren auch auf leicht abschüssigen Wegen. Um richtig auf den Inlinern zu stehen und nicht sofort loszurollen, musst du möglichst viel Gewicht auf deine Füße bekommen. Drücke also kräftig gegen die Inliner.

Ziehe die Inliner immer im Sitzen an. Wenn du losfahren möchtest, musst du aufstehen. Es gibt verschiedene Möglichkeiten dafür.
Probiere für dich aus, wie du am besten auf deinen Inlinern in den Stand kommst. Eine von vielen Möglichkeiten besteht darin, dass du dich zunächst hinkniest.

Anschließend stellst du dich auf einen Fuß und drückst dich mit dem Fuß hoch. Nimm die Hände zu Hilfe.

Stütze dich mit ihnen am Boden ab. Komm dann mit dem ganzen Körper langsam nach oben.

Laufe nicht gleich los, wenn du stehst. Sei erst einmal sicher, dass du das Gleichgewicht hältst, sonst kannst du schnell wieder hinfallen.

Beim Laufen wird es immer wieder vorkommen, dass du in die unmöglichsten Lagen fällst. Deshalb musst du allein aufstehen können. Nicht immer ist jemand da, der dir dabei helfen kann.

Übe also das Aufstehen aus den unterschiedlichsten Positionen.

Lege dich mal auf den Bauch oder auf den Rücken und versuche dann aufzustehen. Am besten kommst du über die Knie wieder in den Stand.

Falls du mal auf dem Rücken landest, drehst du dich am besten über die Seite auf den Bauch. Du kannst dann wieder über die Knie aufstehen.

Aus der Hocke kommst du am besten wieder hoch, indem du den Oberkörper nach vorne beugst und dich langsam nach oben drückst. Falls Zaun, Laternenpfahl oder Wand in der Nähe sind, kannst du dich beim Aufstehen daran festhalten.

Jetzt geht's los

Die ersten Gehversuche mit Hilfe von deinen Freunden oder Eltern und das Aufstehen sind wichtig für den nächsten Schritt: das Gehen. Das Gehen ist die letzte Übung vor dem Laufen. Wie das Gehen funktioniert, wird dir in diesem Kapitel erklärt.

Probiere die ersten Gehversuche auf Inlinern erst dann allein aus, wenn du sicher auf ihnen stehen kannst. Etwas mehr Sicherheit erhältst du, wenn du zu Anfang deine Hände auf den Knien hältst. Dadurch ist dein Oberkörper gleich leicht vorgebeugt und du kannst nicht nach hinten fallen. Achte auch darauf, dass deine Füße etwas Abstand voneinander haben. Führe dann die ersten Schritte aus.

Bei der nächsten Übung lässt du deine Knie los und bringst nur noch die Schultern nach vorne. Dabei beugst du die Knie ganz leicht. Das sieht dann fast wie bei einem Roboter aus. Du kannst diese Übung auch den „Robogang" nennen.

Führe zwischen den Übungen ein paar Schritte aus, bis du dich wieder sicher fühlst. Vielleicht bist du jetzt schon ein paar Meter gerollt.

Lass dir Zeit, du musst nicht gleich in den ersten Minuten alles können.

Die nächste Übung ist etwas schwerer: Versuche nicht mehr auf den Boden zu schauen und richte den Blick nach vorne. Nur so kannst du sehen, was vor dir geschieht.

So kannst du das Gehen üben:

Gehe über eine längere Strecke. Suche dir ein Ziel, das du erreichen willst, beispielsweise eine Wand oder einen Ball, den du dir in einigem Abstand hingelegt hast und vergrößere den Abstand allmählich.

Versuche, dich beim Gehen umzudrehen. Gehe dann in eine andere Richtung weiter.

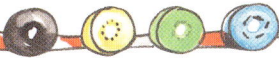

Gehe auf den Inlinern seitwärts. Versuche erst nach links und dann nach rechts zu gehen.

Versuche auch im Kreis zu gehen. Du kannst dir vorher mit Straßenkreide einen Kreis auf die Straße malen.

Gehe den Kreis abwechselnd rechts und links herum. Das fördert deine Geschicklichkeit.

Zeichne mit Straßenkreide eine große Acht auf die Straße, auf der du dann gehst.

Lege dir ein paar Gegenstände auf die Straße, einen Ball, ein Springseil, eine Schachtel oder Ähnliches. Hebe sie auf, wenn du an ihnen vorbeikommst. Bei dieser Übung verbindest du das Aufstehen mit dem Gehen.

Vielleicht traust du dich schon ein paar Schritte rückwärts zu machen. Wenn du das jetzt noch zu schwierig findest, kannst du es später üben.

Falls du beim Gehen noch Probleme haben solltest, kannst du alle Übungen auch erst einmal auf dem Rasen ausprobieren. Das hat den Vorteil, dass du nicht gleich losrollst. Du kannst dich langsam an deine Inliner gewöhnen.

Gleiten

Beim Gehen kommt man ein wenig ins Rollen. Das liegt an der Besonderheit der Inliner: Der Widerstand zur Bodenoberfläche ist sehr gering.

1. Nimm die Startposition ein, wenn du anfangen möchtest zu laufen. Dein Oberkörper ist dabei leicht nach vorne gebeugt. Die Knie ebenfalls und deine Füße bilden ein V.

2. Drücke dich mit einem Fuß ab und beginne zu rollen. Du stellst den Fuß dann langsam wieder auf den Boden zurück und wiederholst das Ganze mit dem anderen Fuß. Fahre nicht zu schnell, da du noch keine Übung im Bremsen hast. Übe anfangs auf einem Platz, auf dem dir niemand in die Quere kommt.

3. Zum Stand kommst du, indem du dich ausrollen lässt oder indem du langsam auf eine Rasenfläche zufährst, auf der du weich fällst.

Führe die nächste Übung allein aus. Ein Partner wäre eher hinderlich, weil

du nun zusätzlich die Arme zum Schwungholen nimmst.

Inline-Skating ist ähnlich wie Gehen. Die Arme hängen nicht einfach herunter. Sie bewegen sich mit.

1. Wenn du mit dem linken Fuß einen Schritt nach vorne machst, ist der rechte Arm auch vorne.

2. Wenn sich dein rechter Fuß nach vorne bewegt, geht der linke Arm ebenfalls mit.

Wenn du das beherrschst, kannst du ausprobieren, wie es ist auf Ziele zuzulaufen. Dabei lernst du, deine Laufrichtung bewusst zu steuern.

Lege dir einen Ball oder eine Dose in ungefähr zehn Metern Entfernung auf den Boden. Starte wie oben beschrieben. Laufe dann ein paar Schritte und versuche vor dem Ball oder der Dose zum Stehen zu kommen. Vergrößere den Abstand und beginne von vorne.

Nimm dir ein Stück Straßenkreide und markiere immer die Stelle, an der du zum Stehen kommst, wenn du den Ball oder die Dose nicht erreichst. Versuche vor dem Gegenstand zum Stehen zu kommen, denn wenn du zu weit fährst, kannst du dich leicht verletzen.

Du hast zehn Versuche, um direkt beim Ball oder der Dose zum Stehen zu kommen. Wie oft gelingt es dir?

Trage hier das Ergebnis ein:

....

Weitere Spielideen

Mache mit Freunden einen Wettbewerb, wer am dichtesten vor Ball oder Dose zum Stehen kommt. Mit Kreide markiert ihr euch einen Startpunkt. Von dort aus lauft ihr nacheinander auf den Gegenstand zu. Ihr zieht dann einen Strich an der Stelle, wo ihr ohne zu bremsen, ausgerollt seid.

Baue dir ein Viereck aus Gegenständen auf. Die Entfernung zwischen den einzelnen Dingen kannst du selbst gestalten. Jedes Mal, wenn du zu einem Punkt gelangt bist, startest du neu, änderst die Richtung und läufst zum nächsten. Denke daran, dass du dort wieder stehen solltest. Wenn nicht, hast du zu wenig oder zu viel Schwung drauf.

Du kannst jetzt auf Inlinern gehen, etwas laufen und aufstehen. Nun kannst du ausprobieren, wie es ist, beim Laufen in die Hocke zu gehen.

Daraus kannst du allein oder mit Freunden ein Spiel entwickeln. Legt euch ein paar Steine auf den Übungsplatz und versucht sie beim Vorbeifahren aufzuheben.

Ihr könnt auch versuchen, euch beim langsamen Laufen einen Ball zuzuwerfen. Dabei müsst ihr euch auf das Laufen, die Umgebung, die Partner und den Ball konzentrieren.

Fallen

Richtiges Fallen will gelernt sein. Das ist so ähnlich wie beim Judo. Die Judokämpfer, Judoka genannt, müssen auch erst einmal richtig fallen können, bevor sie gegen einen Gegner antreten, damit sie sich nicht verletzen. Das Fallen ist außerdem eine Art Bremstechnik. Wende sie an, wenn du Angst hast, nicht mehr mit einer gelernten Bremstechnik bremsen zu können. Mehr zum Thema Bremsen findest du ab Seite 32. Am besten übst du das Fallen auf dem Rasen.

1. Stell dich mit leicht gebeugtem Oberkörper hin und lass dich langsam auf die Knie fallen. Sie sind durch Knieschoner geschützt. Dein Oberkörper muss gerade und der Blick nach vorne gerichtet sein.

2. Da der Schwung beim Sturz meist sehr groß ist, lässt du dich am besten im Knien weiter nach vorne fallen. Deine Ellbogen fangen den weiteren Sturz ab und die Ellbogenschützer verhindern Hautabschürfungen.

3. Nun kommt der letzte Teil der Übung. Deine Finger musst du während des Falls spreizen. So kannst du dich bei der Landung auf Bauch und Hände besser abstützen.

Übe das Fallen, damit du sicher wirst und einen Sturz abfangen kannst. Versuche auch mal langsam Anlauf zu nehmen und dich dann, wie oben beschrieben, fallen zu lassen. Bitte ruhig einen Freund oder eine Freundin, dich beim Fallen zu beobachten. Sage ihnen, dass sie darauf achten müssen, ob du wirklich als Erstes auf den Knien gelandet bist.

Nicht jeder Sturz ist gleich. Deshalb musst du die Falltechniken manchmal ein wenig abwandeln.

WICHTIG

Leider hast du nicht immer das Glück, dass du beim Sturz nach vorne fällst. Es kann passieren, dass du seitlich oder unglücklich nach hinten fällst. Beim Sturz nach hinten musst du mit einer Polandung rechnen, die sehr schmerzhaft sein kann. Diese kannst du allerdings vermeiden, wenn du vorher auf deiner Hand mit den gespreizten Fingern landest.

Vielleicht fallen dir ein paar Namen für Stürze ein. Trage sie in die Zeilen ein.

Bauchklatscher,

Seitfaller,

Frankensteinsturz …

....

....

....

....

....

....

....

....

Kleine Zusatzinfo

Im Jahre 1849 stellten bei einer Ballettaufführung in der Pariser Oper Tänzer eine Eislaufszene auf Rollschuhen dar.

Kreuze jeweils an, welcher Inline-Skater sich richtig verhält.

1.

A

B

2.

A

B

Die Quizauflösung findest du auf Seite 41.

Bremsen

Um das Inline-Skating sicher zu beherrschen, musst du verschiedene Bremstechniken erlernen.

Wenn du gar nicht mehr bremsen kannst, lass dich auf den Rasen fallen. Falls du noch nicht zu schnell bist, kannst du dich auch an einer Hauswand abstützen oder an einem Laternenpfahl festhalten.

Der Hackenstopp

Du hast hinten an deinem linken oder rechten Inliner einen Stopper, der eine ähnliche Funktion besitzt wie die Bremsbacken an deinem Fahrrad. Er besteht ebenfalls aus Gummi. Du drückst jetzt nicht mit der Hand auf einen Hebel, um zu bremsen. Beim Inline-Skating bremst du mit dem Fuß, wo der Stopper am Schuh angebracht ist. Dieser lässt sich bei den meisten Inliner-Paaren am rechten oder linken Skate befestigen. Montiere den Stopper an dem Inliner, den du an deinem „starken" Fuß trägst. „Stark" bedeutet, dass das der Fuß ist, mit dem du abspringst oder Bälle trittst.

Nachfolgend beschriebene Stopp-Bewegung nennt man Hackenstopp.
Übe sie zunächst am besten im Stand.

1. Die Arme sind vorne und der Skate mit dem Stopper wird vor den anderen gebracht.

2. Ziehe den Fuß, an dem sich der Inliner mit dem Stopper befindet, nach oben. Der Stopper berührt dabei den Boden und „das Bein ohne Stopper" ist leicht gebeugt. Du musst bei der Stopp-Bewegung immer das Gleichgewicht halten.

Fahre langsam los und versuche den Stopp wie eben beschrieben. Probiere beim Üben aus, mit welchem Fuß du am besten bremsen kannst. Du musst dafür jeweils den Stopper von rechts nach links ummontieren.

Hier kannst du eintragen, an welchem Inliner sich dein Stopper befindet.

. . . .

Zeichne dir auf deinen Übungsplatz eine Linie, auf die du zufährst. Wenn du sie erreichst, beginnst du zu bremsen. Übe dies fünf Mal und markiere jeweils die Stelle, an der du zum Stehen gekommen bist mit Kreide.

HINWEIS

Diesen Abstand bezeichnet man jeweils als Bremsweg, genau wie beim Fahrrad oder Auto.

Miss jeweils den Abstand zwischen der Linie, bei der du mit dem Bremsen begonnen hast und dem Punkt, wo du zum Stehen gekommen bist. Danach kannst du ihn unten eintragen. Zum Messen nimmst du ein Maßband oder einen Zollstock.

Wie groß ist der Abstand nach den einzelnen Versuchen?

1. Versuch: . . . . cm

2. Versuch: . . . . cm

3. Versuch: . . . . cm

4. Versuch: . . . . cm

5. Versuch: . . . . cm

Als Nächstes kannst du gemeinsam mit Freunden das Bremsen nach einem Signal üben. Das geht ganz gut mit einer Trillerpfeife oder einer Fahrradklingel. Laufe los und wenn einer deiner Freunde pfeift oder klingelt, dann musst du bremsen.
Ihr könnt auch ein Stück Pappe rot und ein anderes blau anmalen. Einer nimmt die Pappen und hält jeweils eine hoch. Ihr müsst verabreden, welche Farbe bremsen und welche Farbe laufen bedeutet.

Der Hackenstopp aus größerer Geschwindigkeit

Wenn du schneller fährst, musst du die Art zu bremsen, verändern. Stelle dich nicht mehr bei vollem Lauf auf deinen Stopper. Du würdest dabei hinfallen, weil der Stopper blockiert. Darum benötigst du eine Art Anti-Blockier-System: Laufe etwas schneller und hebe den Fuß mit dem Stopper leicht an. Der Stopper berührt dabei den Boden. Dann drückst du den Fuß mit dem Stopper wieder herunter, der Stopper hebt ab und du rollst weiter. Deine Fahrt ist langsamer geworden. Das Ganze wiederholst du so lange, bis du stehst. Oben auf der Zeichnung siehst du, wie der Hackenstopp aus größerer Geschwindigkeit funktioniert.

Der Schneepflug-Stopp

Mit dem Schneepflug-Stopp kannst du vor allem beim langsamen Laufen gut anhalten oder zwischendurch deine Geschwindigkeit verringern. Er funktioniert folgendermaßen:

1. Die Arme sind vorne.

2. Drücke die Knie und den Oberkörper leicht durch.

3. Deine beiden Schuhspitzen zeigen zueinander und die Knie ebenfalls. Deine Knie dürfen sich sogar berühren.

Lass dich zunächst von einem Partner ziehen und übe den Schneepflug-Stopp.

T-Stopp

Der T-Stopp

Er heißt so, weil deine Füße bei dieser Stopp-Bewegung fast den Buchstaben T bilden. Übe zunächst im Stand.

1. Deine Füße stehen nebeneinander. Hebe ein Bein an und führe den Fuß nach hinten. Die Fußspitze zeigt zur Seite. Setze dabei den Fuß wieder auf den Boden. Dann beugst du beide Knie leicht.

2. Probiere den T-Stopp aus dem langsamen Lauf heraus oder lass dich dabei von jemandem ziehen. Wenn du diese Bewegung während des Laufens machst und den hinteren Fuß aufsetzt, wird er nach hinten weggezogen. Du musst ihn sofort wieder anheben, damit du nicht fällst. Wiederhole das Ganze, bis du anhältst.

Schneepflug-Stopp

Wende den T-Stopp nur bei langsamer Fahrt an, weil du bei ihm leicht das Gleichgewicht verlieren kannst und sich die teuren Rollen schnell abnutzen.

Die Stopp-Drehung
Dies ist eine Bremsbewegung, die toll aussieht. Um sie zu lernen, musst du ein bisschen üben. Es ist nicht schlimm, wenn dir die Stopp-Drehung nicht sofort perfekt gelingt.

3. Das linke Bein bleibt stehen und dreht sich auf der Stelle mit. Wenn du stehst, musst du in die Richtung blicken können, aus der du gekommen bist.
Beachte, dass du den Oberkörper gebeugt hältst.

1. Du läufst los. Deine Beine sind dabei leicht gegrätscht.

2. Dann nimmst du langsam dein Gewicht auf das linke gebeugte Bein und führst mit dem rechten einen Kreis aus.

Immer wenn du dir sicher bist, dass du eine Bremstechnik gut kannst, hakst du sie hier ab.

- ❍ Rasenstopp
- ❍ Hackenstopp
- ❍ Hackenstopp aus größerer Geschwindigkeit
- ❍ Schneepflug-Stopp
- ❍ T-Stopp
- ❍ Stopp-Drehung

Wenn du alle Bremstechniken beherrschst, kannst du dir zum Üben eine „Hindernis-strecke" aufbauen. Dazu brauchst du Straßenkreide in verschiedenen Farben.

Zeichne dir mit grüner Kreide einen Kreis auf, in dem du mit dem Hackenstopp zum Stehen kommen musst.

Zeichne mit roter Kreide fünf Linien im Abstand von drei Schritten hintereinander auf den Boden. Hier übst du den Hackenstopp aus größerer Geschwindigkeit. Jedes Mal, wenn du eine Linie überfährst, bremst du kurz mit dem Stopper. Versuche, an der letzten Linie zum Stehen zu kommen.

Zeichne mit blauer Kreide eine Gasse, das sind zwei Linien nebeneinander. Ihr Abstand muss etwa zwei Schritte betragen. Am Ende der Gasse ziehst du mit roter Kreide eine weitere Linie. Du fährst in die Gasse hinein. Versuche wieder möglichst vor der roten Linie mit dem Schneepflug-Stopp zum Stehen zu kommen.

Zeichne mit gelber Kreide fünf Linien hintereinander. Hier kannst du den T-Stopp üben. Jedes Mal, wenn du über eine Linie fährst, stellst du den hinteren Fuß quer auf den Boden.

Zum Schluss zeichnest du dir noch einen großen bunten Kreis aus allen Farben. Immer, wenn du in ihn hineinfährst, übst du die Stopp-Drehung.

Kurvenlaufen

Jetzt geht's rund.

Wenn du eine Rechtskurve fahren möchtest, setzt du beim Fahren den rechten Fuß leicht nach vorne, ungefähr eine halbe Schuhlänge. Die Knie sind leicht gebeugt und deine Schulter zeigt nach rechts. Dein Oberkörper ist dabei gerade.

Wenn du links herumfahren willst, setzt du während des Laufens den linken Fuß leicht nach vorne – wiederum ungefähr eine halbe Schuhlänge. Beuge die Knie leicht und zeige mit deiner Schulter nach links. Halte den Oberkörper gerade.

Je schneller du bist, umso stärker sind deine Knie gebeugt. Achte dann immer wieder darauf, dass dein Oberkörper leicht nach vorne gebeugt ist. Dadurch verhinderst du einen Sturz.

Beim Kurvenfahren befindest du dich in einer leichten Schräglage. Habe keine Angst, das gehört dazu. Du musst nur ein wenig üben.

Errichte ein Viereck. Dazu stellst du vier Dosen in großem Abstand voneinander hin. Laufe immer um dieses Viereck, indem du außen um die vier Dosen herumläufst.

Probiere dieselbe Übung auch in die andere Richtung.

Wenn ihr mehrere Kinder seid, die sich zum Inline-Skating treffen, ist ein Kind der Läufer. Die anderen Kinder stellen sich mit Abstand hintereinander auf. So kann der Läufer zwischen den anderen durchfahren.

Nicht vergessen: Abwechseln!

Kurven-Quiz

Mache einen Kreis um die richtigen Sätze. Die Auflösung findest du auf Seite 50.

1. Wenn ich eine Rechtskurve fahre, ist mein rechter Fuß am Anfang eine halbe Schuhlänge vor dem linken.

2. Wenn ich eine Linkskurve fahre, ist mein rechter Fuß am Anfang eine halbe Schuhlänge vor dem linken.

3. In einer Kurve fahre ich mit steifen Knien.

4. In einer Kurve fahre ich mit gebeugten Knien.

5. Meine Schulter zeigt immer in die Richtung, in die ich fahren möchte.

6. Meine Schulter zeigt immer nach rechts.

7. Je schneller ich fahre, umso gerader muss mein Oberkörper sein.

8. Wenn ich schnell fahre, muss ich meinen Oberkörper mit nach vorne bringen.

Rückwärtslaufen

1. Zu Beginn des Rückwärtslaufens zeigen deine Fußspitzen wie beim Schneepflug-Stopp zueinander.

2. Dann beugst du die Knie zueinander. Hierbei entsteht ein Druck, der sich auf deine Inliner überträgt. Du fängst an, langsam nach hinten zu rollen. Wie bei einer geöffneten Schere gehen deine Beine jetzt auseinander. Du führst dabei eine Grätsche aus. Achte darauf, dass die Grätschstellung nicht zu groß wird.

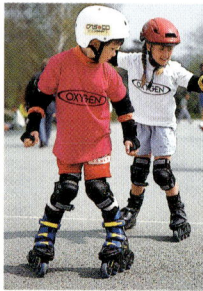

3. Strecke die Beine und nimm den Oberkörper wieder nach vorne. Dann führst du die Hacken wieder zusammen. Der Druck auf die Inliner ist hierbei besonders wichtig.

Du kannst zu Beginn versuchen, dich vorsichtig von einer Wand abzustoßen oder dich von einem Partner schieben zu lassen.

Beim Rückwärtslaufen musst du immer wieder nach hinten schauen, damit du gegen kein Hindernis läufst. Außerdem musst du auch aus der Rückwärtsbewegung heraus anhalten können. Das geht folgendermaßen.

1. Während des Gleitens stellst du die Beine einen Schritt breit auseinander und lässt dich rollen. Beuge deinen Oberkörper leicht nach vorne und gehe etwas in die Hocke.

2. Dann führst du die Hacken zueinander, sodass deine Füße ein V bilden. Achte darauf, dass du dein Körpergewicht auf die Füße drückst, damit du wieder zum Stehen kommst.

Springen

Mit deinen In- linern kannst du auch springen. Führe Sprünge aus, bei denen du mit beiden Beinen gleichzeitig ab- springst. So einen Sprung nennt man Schlusssprung.

Anders als beim Hochsprung oder Weitsprung wirst du dabei nicht so- fort wieder in den Stand kommen, sondern etwas rollen. Wie weit du rollst, hängt vom Anlauf ab, den du vor dem Sprung genommen hast. Sprünge solltest du zu Beginn aus dem Stand ohne Hindernisse üben. So kannst du ein Gefühl für die Lan- dung entwickeln. Bei der Landung federst du den Sprung durch eine Beugung in den Knien ab. Versuche nach Möglichkeit in die Hocke zu gehen.

Springe nicht über fest verankerte Gegenstände wie flache Zäune oder ein gespanntes Seil, an denen du hän- gen bleiben kannst. Die Verletzungsge- fahr ist dabei sehr groß.

Ziehe mit Straßenkreide eine Linie, über die du springst. Du kannst aber auch ein Seil oder ei- nen Stock auf den Boden legen und darüber springen. Wenn du willst, kannst du auch über fest markierte Li- nien auf dem Übungsplatz springen

Du kannst auch meh- rere Hindernisse in Abständen aufzeichnen oder auf den Boden legen, die du nacheinander über- springen möchtest.

Du kannst einen Stock über zwei kleine Dosen oder Jogurtbecher legen. Um da- rüber zu springen, musst du wesent- lich höher als bei den anderen Übun- gen springen. Denn das Gewicht der Inliner ist sehr schwer.

Hier findest du die richtigen Antworten vom Quiz auf S. 31:
1. A, 2. B

Spiele, bei denen du allein läufst

Die folgenden Spiele sollen dir helfen, sicherer auf den Inlinern zu fahren.

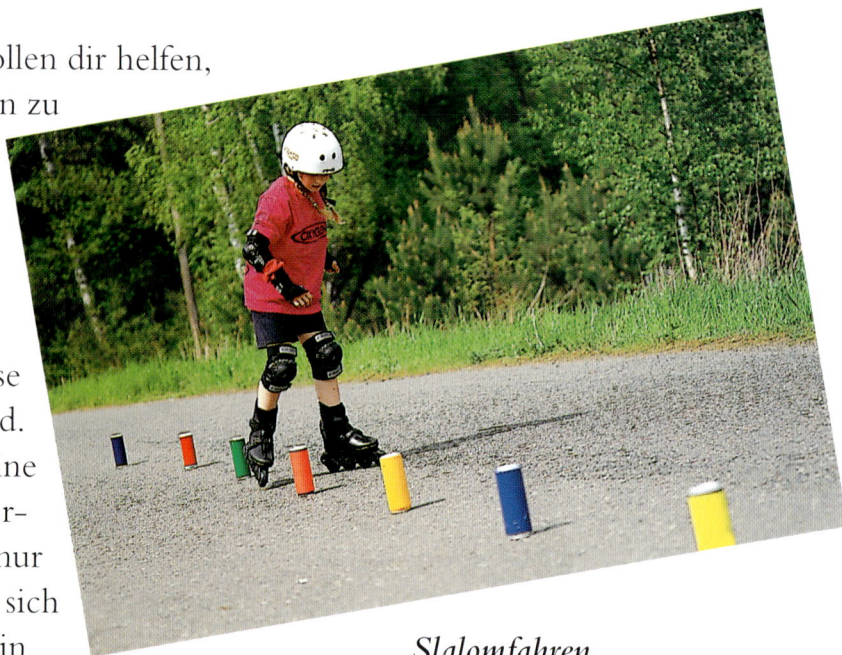

Reifenparcours

Beim Reifenhändler bekommst du alte Reifen, die tolle Hindernisse für Inline-Übungen sind. Vielleicht helfen dir deine Eltern dabei sie zu besorgen. Es lohnt sich aber nur sie zu beschaffen, wenn sich dein Übungsplatz ganz in der Nähe deines Hauses befindet oder wenn du die Erlaubnis hast, sie auf dem Übungsplatz liegen zu lassen.

Bau dir aus den Reifen einen Parcours auf, den du allein oder aber auch mit deinen Freunden durchfahren kannst.

Falls du ein Fahrrad hast, kannst du damit auch Übungen im Reifenparcours machen.

Slalomfahren

Lege Filmdosen, Dosen oder Steine im Abstand von zwei Schritten hintereinander auf deinen Übungsplatz. Auf deinen Inlinern versuchst du jetzt die Hindernisse im Slalom zu umkurven. Wenn du am Ende deines Slaloms noch einen größeren Gegenstand hinlegst, kannst du ihn umrunden und den Slalom wieder zurücklaufen. Vielleicht gelingt es dir sogar, den Slalom zu durchfahren, ohne erneut Schwung zu holen.

Versuche es auch einmal mit geschlossenen Beinen.

Fahren durch die Gasse

Wenn du zwei Seile mit einem Schritt Abstand nebeneinander legst, entsteht eine Gasse.

Durch diese kannst du dann auf deinen Inline-Skates fahren. Wenn dir das gelungen ist, verringerst du den Abstand zwischen den Seilen.

Ein richtiger Könner bist du, wenn die Seile nur noch so weit auseinander liegen, dass deine Füße gerade noch in diese Gasse hineinpassen.

Falls du keine Springseile besitzt, hilft dir auch Straßenkreide weiter. Mit ihr malst du zwei Linien auf deinen Übungsplatz, um die Übungen machen zu können. Wenn ihr mehrere seid, könnt ihr diese Übung nacheinander ausprobieren.

Spiele mit einem Partner

Mit einem Partner Übungen zu machen, ist schon recht anspruchsvoll. Dabei ist es immer wichtig, dass ihr beiden euch gut miteinander absprecht. Alle Spiele, die du allein probiert hast, sind auch mit einem Partner möglich. Ihr könnt euch beim Laufen jeweils mit einer Hand festhalten.

Abklatschen
Fahre deinem Partner entgegen. Wenn ihr euch begegnet und aneinander vorbeifahrt, klatscht ihr euch mit den Händen ab.
Das könnt ihr auch in der Gruppe spielen. Dann fahren zwei Gruppen aneinander vorbei, und die Läufer klatschen sich ab.

Wegdrücken
Dabei steht ihr mit dem Gesicht zueinander und haltet euch mit beiden Händen am Partner fest. Jetzt kann es losgehen. Der eine fährt vorwärts und der andere rückwärts. Nach einer Weile wechselt ihr die Laufrichtung. Dann fährt der eine rückwärts und der andere vorwärts.

Schattenlauf
Dein Partner läuft vorweg und du bleibst mit Abstand immer hinter ihm. Mache die Bewegungen deines Partners nach. Nach einiger Zeit wechselt ihr die Positionen.

Wettrennen
Legt vor dem Rennen Start und Ziel fest. Eventuell müsst ihr mit Kreide zwei Linien ziehen. Nachdem einer das Startkommando gegeben hat, lauft ihr los.

Die Jagd
Ihr steht hintereinander. Einer von euch bekommt einen kleinen Vorsprung. Vor dem Start legt ihr das Ziel fest. Der hintere Läufer soll den anderen nach dem Startzeichen, aber noch vor dem Ziel abticken. Danach wechselt ihr die Rollen.

Spiele in der Gruppe

Spiele in der Gruppe machen viel Spaß. Denkt daran, dass ihr vorsichtig miteinander umgehen müsst, vor allem, wenn es zu Situationen kommt, in denen zwei Inline-Skater aufeinander zufahren.

WICHTIGE REGEL

Es muss vorher klar sein, dass ihr immer rechts aneinander vorbeifahren müsst.

Schattenlauf in der Gruppe

Der Schattenlauf ist auch ein Gruppenspiel, bei dem mehrere hintereinander laufen. Die vordere Position wird gewechselt, indem immer der Letzte nach einer Weile nach vorne läuft und die Führung übernimmt.

Fangen

Einer ist der Fänger. Wenn es ihm gelingt einen anderen abzuticken, wird dieser zum Fänger.

Legt vor Spielbeginn fest, was alles zum Spielfeld gehört. Ihr könnt auch die Regel einführen, dass derjenige, der das Spielfeld verlässt, automatisch zum Fänger wird.

Kette

Stellt euch nebeneinander, sodass ihr eine Kette bildet. Fasst euch an den Händen und lauft gemeinsam los.

Schlange

Stellt euch hintereinander. Jeder umfasst mit seinen Händen die Hüfte des Jungen oder Mädchens vor ihm. Nun könnt ihr als Schlange loslaufen.

Die Schlange macht besonders viel Spaß, wenn sie auch noch ein paar Hindernisse umrunden muss.

Pendelfahrten

Bildet zwei Gruppen. Eine Gruppe befindet sich an einem Ende des Platzes, die andere gegenüber. In jeder Gruppe stehen die Läufer hintereinander.

Der Läufer der ersten Gruppe startet und läuft zur gegenüberliegenden, klatscht dort den Ersten ab und stellt sich hinten an. Der abgeklatschte Läufer rennt nun seinerseits zur gegenüberliegenden Gruppe und macht dort dasselbe. Das könnt ihr so lange spielen, wie ihr Lust dazu habt.

Staffel

Bildet zwei Gruppen, die gegeneinander laufen. Stellt in einem entsprechenden Abstand zwei Dosen auf, die die Läufer umrunden müssen.

Am Start stehen die Läufer jeder Gruppe hintereinander.

Auf das Startzeichen hin läuft der jeweils Erste seiner Gruppe los. Er muss die Dose umrunden und wieder zur Gruppe zurücklaufen. Dann klatscht er den Nächsten ab. Der startet und macht dasselbe, bis alle Läufer durch sind.

Vergesst nicht, euch dabei kräftig anzufeuern.

Die gemalte Straße

Zeichnet mit Straßenkreide auf eurem Übungsplatz eine eigene Straße mit Abzweigungen und Kurven auf.

Versucht beim Fahren darauf zu achten, innerhalb der Linien zu bleiben und sie nicht zu berühren.

Es können auch Kinder mitspielen, die auf Fahrrädern oder Rollern fahren.

Bei einem derartigen Verkehrsaufkommen müsst ihr aufeinander Rücksicht nehmen, damit keine Unfälle passieren.

Das große Durcheinander

Ihr steckt euch ein Spielfeld ab. Die Größe hängt von der Anzahl der Mitspieler ab. Je weniger ihr seid, umso kleiner muss auch euer Spielfeld sein. Nun laufen alle innerhalb des Spielfeldes wie sie möchten. Keiner darf den anderen dabei berühren.

Balljagd

An diesem Spiel können beliebig viele Inline-Skater teilnehmen. Alles, was ihr braucht, ist ein alter Tennisball. Zwei von euch sind die Fänger. Einer der anderen erhält den Tennisball. Die Fänger müssen versuchen, den Spieler, der den Tennisball hat, abzuklatschen. Dieser darf aber den Tennisball einem anderen zuwerfen, wenn es brenzlig wird.

Derjenige, der vom Fänger mit dem Tennisball erwischt wird, tauscht mit dem Fänger die Rolle.

Wenn es für beide Fänger zu schwierig wird, können auch mehrere Spieler zu Fängern bestimmt werden.

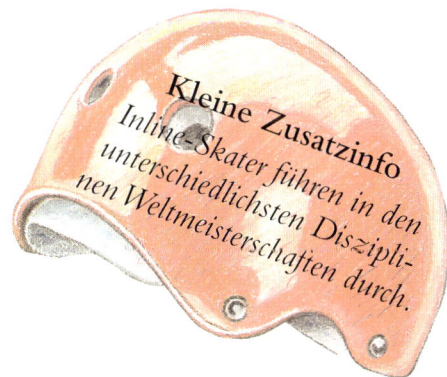

Kleine Zusatzinfo
Inline-Skater führen in den unterschiedlichsten Disziplinen Weltmeisterschaften durch.

Dosenlinie

Ihr stellt zehn Dosen hintereinander im Abstand von einem Meter auf eurem Übungsplatz auf. 20 Schritte von der ersten Dose stellt ihr euch in einer Reihe hintereinander auf.

Der Erste nimmt Anlauf und gleitet mit nebeneinander gestellten Inlinern auf die Dosen zu. Er läuft dann mit dem rechten Skate rechts und mit dem linken Skate links an der Dosenlinie vorbei.

Wenn er alle Dosen hinter sich gelassen hat, dreht er um und stellt sich hinten wieder an. Der nächste Läufer startet immer dann, wenn der vorherige alle Dosen hinter sich gelassen hat.

Auch Ballspiele sind auf Inlinern machbar. Ihr könnt Fußball, Basketball oder Handball spielen.

Spielt nicht nur gegeneinander. Es macht viel Spaß sich zu zweit oder zu mehreren einen Ball während des Laufens zuzuwerfen oder mit dem Fuß zuzuspielen.

Wenn in deiner Gegend nicht genug Kinder sind, kannst du deiner Sportlehrerin oder deinem Sportlehrer den Vorschlag machen, ob alle Kinder, die in deiner Klasse sind, während des Sportunterrichts auf dem Schulhof fahren dürfen. Wer keine Inliner besitzt, kann auch Fahrrad, Rollschuhe oder das Skateboard mitbringen.

Geschicklichkeitsspiele

Mit Hilfe dieser Spiele kannst du deine Geschicklichkeit verbessern. Dadurch kannst du Situationen meistern, in denen plötzlich ein Hindernis auftaucht, dem du ausweichen musst.

Durch eine Zeitung fahren

Das geht tatsächlich. Zwei deiner Freunde halten ein großes auseinander gefaltetes Zeitungsblatt fest. Dabei stehen sie sich gegenüber. Nimm Anlauf und fahre durch die Zeitung. Wenn deine Freunde gut festhalten, wird das Blatt zerreißen. Wenn nicht, rutscht es ihnen aus der Hand.

Umstapeln

Besorge dir drei größere Kartons. Stelle zwei übereinander. Den Dritten stellst du in einiger Entfernung auf den Boden. Laufe von der Stelle aus los, wo der einzelne Karton steht. Ziel ist der Punkt, wo die übereinander gestapelten Kartons stehen.

Wie viel Zeit du benötigst, um den Karton zehnmal umzustapeln, kannst du mit einer Stoppuhr oder einer Uhr, die einen Sekundenzeiger hat, stoppen. Trage das Ergebnis hier ein:

.... Min.

.... Sek.

Hole dir den obersten Karton. Mit ihm läufst du zu dem anderen Karton, der auf dem Boden steht, und stellst ihn ohne anzuhalten darauf.

Der verlorene Schlüssel

Wenn einer deiner Freunde oder du selbst beim Inline-Skating einen Schlüssel dabei habt, könnt ihr diesen auf den Boden legen. Übrigens, ein kleiner Stein geht auch. Eure Aufgabe besteht nun darin, diesen Gegenstand während der Fahrt aufzuheben und dabei nicht anzuhalten. Dann legt ihr jeweils den Gegenstand wieder auf den Boden und der Nächste kann versuchen ihn aufzuheben.

Hasenjagd

Bohre zwei Löcher in eine Dose hinein. Fädele ein Band dadurch und verknote die beiden Enden. Das Band muss so lang sein, dass es von deiner Handhöhe bis auf den Boden reicht. Einer deiner Freunde ist dann der Hase, der das Band mit der Dose zieht. Die anderen sind die Jäger.
Wenn es einem der Jäger gelingt, die Dose mit dem Inliner zu berühren, ist er der Hase.

Tunnel

Zwei Kinder stellen sich gegenüber und halten sich an den Händen, sodass sie eine Art Tunnel bilden. Durch den Tunnel können

nun alle anderen durchfahren. Vergesst dabei das Wechseln nicht.

Fahne im Wind

Nimm dir ein Handtuch, das du beim Laufen mit beiden Händen über Kopf hältst. Es wird dabei wie eine Fahne im Wind flattern.
Dasselbe kannst du auch mit einem Partner machen. Stellt euch nebeneinander. Jeder ergreift einen Zipfel vom Handtuch und nun könnt ihr loslaufen. Beim Laufen müsst ihr euch absprechen, in welche Richtung ihr wollt.

Stein übergeben

Bei diesem Spiel laufen alle, wie beim Abklatschen, aneinander vorbei. Wenn ihr euch trefft, übergibt einer dem anderen einen Stein. Danach dreht ihr mit der Stopp-Drehung um oder fahrt eine Kurve und beginnt wieder von vorne.

Die richtigen Antworten vom Quiz auf Seite 39 lauten:
1, 4, 5 und 8

Reaktionsübungen

Auf Inlinern musst du jederzeit in der Lage sein zu bremsen oder Hindernissen auszuweichen. Deshalb musst du gut reagieren können, wenn plötzlich vor dir ein Hindernis auftaucht. Je schneller du reagierst, umso sicherer bist du. Die folgenden Übungen helfen dir, dein Reaktionsvermögen zu verbessern.

Bremsen auf Pfiff

Einer von euch ist der Spielleiter. Er hat eine Trillerpfeife. Ihr lauft kreuz und quer. Wenn ein Pfiff ertönt, müssen alle sofort abbremsen. Beim nächsten Pfiff laufen alle wieder los.

Ampelspiel

Ihr könnt ein Stück Pappe rot anmalen. Wenn der Spielleiter die Pappe hochhält, müssen alle bremsen. Nimmt er sie herunter, bedeutet das weiterfahren.

Farben und Zahlen

Mit einer Trillerpfeife und farbigen Karten, die ihr euch selbst herstellen könnt, spielt ihr das folgende Spiel. Der Spielleiter steht mit den Karten und der Trillerpfeife hinter dir. Laufe auf deinen Inlinern los.
Wenn ein Pfiff ertönt, drehst du dich um. Der Spielleiter zeigt zum Beispiel eine blaue Karte hoch. Wenn du die Karte erkennst, rufst du „Blau!".
Dasselbe Spiel könnt ihr statt mit Farben auch mit Zahlen spielen. Dann müssen auf euren Karten Zahlen stehen, die der Läufer nach dem Pfiff erkennen muss.

Auf dieser Seite kannst du deine Lieblingsspiele eintragen:

Allein spiele ich gern:

....

Mit einem Partner spiele ich am liebsten:

....

Mit einer Gruppe spiele ich gern:

....

Hier kannst du ein Gruppenfoto von deinen Inline-Freunden und dir einkleben.

Treppensteigen

WICHTIG

Vermeide möglichst das Treppensteigen mit Inlinern. Steige auf keinen Fall Treppen mit vielen Stufen herunter.

Es ist besser, wenn du deine Inliner ausziehst, bevor du eine Treppe herauf- oder heruntersteigst. Danach kannst du sie wieder anziehen. Auf keinen Fall darfst du eine Treppe vorwärts heruntergehen. Du kannst dabei leicht das Gleichgewicht verlieren. Wäre das der Fall, würdest du die gesamte Treppe herunterstürzen.

Eine Treppe musst du grundsätzlich rückwärts runtergehen und dich dabei unbedingt am Geländer festhalten. Wenn du dann nach vorne fallen solltest, kann das zwar immer noch schmerzhaft sein, aber du stürzt die Treppe nicht herunter.

Ein oder zwei Stufen, wie du sie in Parks manchmal vorfindest, sind kein größeres Hindernis. Hier kannst du vorsichtig üben, ein paar Stufen zu überwinden.

MERKE:

Nie in
- Treppenhäusern,
- auf Rolltreppen oder
- mehrstufigen Treppen

Inliner anhaben.

Der Rucksack

Manche Inline-Skater tragen einen Rucksack auf dem Rücken. Das ist eine sehr praktische Sache. Sie haben die Hände frei und somit stört sie nichts beim Laufen.

Wenn du nicht gerade vor der Haustür läufst, ist es auch für dich sinnvoll, einen Rucksack zu packen. Achte beim Packen aber darauf, dass der Rucksack nicht zu schwer wird.

NICHTS VERGESSEN?

Werkzeug für die Skates
Getränk in einer unzerbrechlichen Flasche
Essen
Pflaster
Jacke
Schuhe
Geld und Telefonkarte

Erste Hilfe

Du kannst noch so vorsichtig auf deinen Inlinern fahren. Vor Unfällen bist du leider nie sicher. Auch ohne Inliner können Unfälle passieren.

Deshalb musst du etwas über erste Hilfe wissen. Es kann schließlich auch vorkommen, dass sich Freunde oder Freundinnen von dir verletzen. Du kannst dann helfen.

Polizei 110

Feuerwehr 112

WICHTIG

Bleibe ruhig, wenn sich jemand verletzt. Wenn ihr mehrere seid, muss immer einer beim Verletzten bleiben. Ein anderer holt einen Erwachsenen zur Hilfe, am besten einen Arzt und benachrichtigt die Eltern.

Falls es sich um eine schwere Verletzung wie einen Bruch handelt oder der Verletzte gar ohnmächtig ist, müsst ihr zur nächsten Telefonzelle gehen. Ihr erreicht die Polizei unter der Nummer 110. Ihr könnt auch die Feuerwehr unter der Nummer 112 anrufen. An manchen Telefonzellen braucht man für Notrufe kein Geld. Die Polizei oder Feuerwehr wird dem, der anruft, einige Fragen stellen, die er ganz in Ruhe beantworten muss.

Der Hörer darf erst aufgelegt werden, wenn die Polizei oder die Feuerwehr es sagt. Falls kein Notruftelefon in der Nähe ist, müsst ihr sofort den nächsten Erwachsenen ansprechen. Sagt ihm, was passiert ist.

Jemand ist gestürzt und blutet

Wenn es sich um eine kleine Wunde handelt, reicht es schon aus, ein Pflaster auf die Wunde zu bringen. Informiert auch bei kleinen Verletzungen immer eure Eltern.

Es kann nämlich sein, dass die Wunde nicht aufhört zu bluten. Dann muss sich ein Arzt die Verletzung ansehen. Er wird die Wunde desinfizieren. Wenn eine Verletzung stark blutet, muss zuerst das verletzte Körperteil, beispielsweise Arm oder Bein, hochgehalten werden. Danach muss sofort der Notarzt gerufen werden.

Jemand ist beim Inline-Skating in Glasscherben gefallen

Wenn ihr auf eurem Übungsplatz Glasscherben vorfindet, ist es wichtig, dass ihr diese erst einmal mit Handfeger und Schaufel entfernt. Fasst die Scherben nicht mit den Händen an, da ihr euch dabei schneiden könntet. Passiert es aber trotzdem, dass sich jemand an einer Glasscherbe verletzt, müsst ihr Folgendes tun:

Wenn es stärker blutet oder sich noch Glassplitter in der Wunde befinden, müsst ihr einen Verband um die Wunde herum anlegen.

Geht danach zum Arzt und benachrichtigt die Eltern.

Nasenbluten

Beim Nasenbluten läuft Blut aus der Nase. Das geschieht, wenn man sich gestoßen hat oder wenn zwei Kinder beim Inline-Skating unglücklich zusammenstoßen. Manchmal kommt Nasenbluten aber auch aus heiterem Himmel, ohne dass etwas geschehen ist.

Dann muss sich der Verletzte hinsetzen und den Kopf nach vorne beugen. Sollte es nicht aufhören oder gar schlimmer werden, müsst ihr einen Arzt holen.

Insektenstiche

Gerade im Sommer musst du immer wieder damit rechnen, dass dich eine Hornisse, Wespe, Biene oder Mücke sticht. Versuche bei Mückenstichen nicht an der Stelle zu kratzen, wo du gestochen wurdest. Mache einfach Spucke darauf.

Wenn dich ein größeres Insekt, also eine Wespe oder Biene gestochen hat, ist es sinnvoll, die Einstichstelle mit Eis zu kühlen.

Gefährlich wird es bei Insektenstichen im Mund, weil man daran ersticken kann. Wird jemand im Mund gestochen, müsst ihr sofort einen Notarzt rufen.

Kopfverletzungen

Obwohl ihr einen Helm beim Inline-Skating tragt, kann es zu Verletzungen am Kopf kommen, zum Beispiel zu einer Gehirnerschütterung.

Eine Gehirnerschütterung erkennt ihr daran, dass der Verletzte Kopfschmerzen hat und ihm übel wird. Vielleicht muss er sogar erbrechen. Wenn ihr den Verletzten fragt, wie der Unfall geschehen ist und er es nicht mehr weiß oder er bewusstlos ist, müsst ihr sofort einen Notarzt holen. Wenn jemand bewusstlos ist, sieht er so aus als würde er schlafen.

Jemand hat sich etwas gebrochen

Bei einem Sturz kann man sich leicht einen Arm oder ein Bein brechen. Der Arm oder das Bein sehen dann merkwürdig verdreht aus. Der Verletz-te hat meist auch große Schmerzen. Ihr müsst dann sofort Hilfe holen. Der Verletzte sollte den gebrochenen Körperteil, den ihr mit einem Pullover polstern könnt, möglichst nicht mehr bewegen.

Sonnenstich

Wenn ihr den ganzen Tag bei sonnigem Wetter auf Inlinern unterwegs seid, kann es passieren, dass sich jemand einen Sonnenstich holt. Einen Sonnenstich erkennt ihr daran, dass jemand einen ganz heißen und roten Kopf hat, ihm aber gleichzeitig kalt ist. Außerdem ist ihm übel. Benachrichtigt einen Arzt. Legt den Kranken in den Schatten bis der Arzt kommt. Der Kopf muss erhöht liegen. Am besten kühlt ihr ihn mit nassen Tüchern.

Nimm zum Inline-Skating einen Info-Zettel mit.

Folgende Angaben müssen auf deinem Zettel stehen.
- Name, Adresse und Telefonnummer deiner Eltern und
- deiner Hausärztin oder deines Hausarztes.

Was ist noch auf Inlinern möglich?

Du hast jetzt eine ganze Menge über das Inline-Skating erfahren. Wenn du jeden Tag oder zumindest mehrmals in der Woche mit ihnen fährst, hast du eine Sportart gefunden, die dich fit hält und sehr gesund ist.

Außer dem normalen Laufen auf Inline-Skates gibt es noch richtige Disziplinen, die du auf ihnen ausüben kannst. Schreib an Inline-Skating-Verbände. Frage jeweils nach der notwendigen Ausrüstung und den Regeln für die Disziplin, die dich interessiert. Die Anschriften findest du in der Adressenliste auf Seite 61 dieses Buches.

Zwei Läufer beim Racing

Racing

Racing (sprich: räzink) ist wie ein Wettlauf. Es gibt Sprintstrecken über 300 m und 500 m. Dabei läuft jeder für sich. Wer die beste Zeit erreicht, hat gewonnen.

Manchmal gibt es auch Wettkämpfe in Kleingruppen. Für das Racing sind spezielle Inline-Skates entwickelt worden. Sie sind meistens teurer als deine normalen Inliner.

Streethockey

Hockey und Eishockey sind bekannte Sportarten. Beim Streethockey geht es um das Hockeyspielen auf Inlinern. Auch hierfür gibt es spezielle Schuhe. Beim Streethockey musst du sehr geschickt sein, gut abbremsen und rückwärts laufen können. Die Ausrüstung besteht, ähnlich wie beim Eishockey, aus spezieller Kleidung, Schläger, Ball oder Puck. Du bekommst sie im Sportgeschäft. Tore müsst ihr euch selbst bauen oder durch Dosen markieren.

Grinden – nur da, wo es erlaubt ist

Halfpipe – nur etwas für echte Könner

Beim Streethockey müsst ihr als wichtigste Regel einführen, dass der Gegner nicht berührt werden darf. So verletzt ihr euch nicht gegenseitig.

Aggressive-Skating

Beim Aggressive-Skating (sprich: ägressiff-skeiting) gibt es gleich mehrere Disziplinen. Zum einen ist das Fahren in der *Halfpipe* (sprich: haf-peip) möglich. Die Halfpipe ist eine Rampe, die aus einem Halbkreis besteht und auf der die Läufer Sprünge mit unterschiedlichen halben Drehungen ausführen. Das Fahren in der Halfpipe ist sehr riskant und setzt großes Können auf Inlinern voraus. Dann gibt es noch das *Grinden* (sprich: greinden). Hierbei rutschen die Läufer auf Treppengeländern, Parkbänken oder Kantsteinen entlang, die sie vorher mit Wachs einschmieren. Das darf man nur da machen, wo es erlaubt ist.

Schließlich gibt es noch das *Hochspringen.* Hierbei springen die Läufer mit Anlauf über eine Schanze und überqueren eine Messlatte.

Slalomfahren

Hierbei muss man durch eine Hütchenreihe fahren. Wer es als Schnellster schafft, ohne die Hütchen zu berühren, ist Sieger.

WICHTIG

Aggressive-Skating solltest du nic ohne fachgerechte Anleitung eines Trainers machen.

Verhaltensregeln

Damit sich alle Menschen vertragen, gibt es Regeln, die Streit vermeiden sollen. Im Verkehr sind es die Verkehrsregeln, in der Schule ist es die Hausordnung und im Schwimmbad sind es die Baderegeln.

Ein paar gute Regeln hat die Internationale Vereinigung der Inline-Skater, die International Inline-Skating Association, aufgestellt. Sie sind sehr wichtig, weil es leider auch viele Gegner des Inline-Skatings gibt. Die warten nur darauf, dass Unfälle passieren und dass sich Inline-Skater falsch verhalten. Hier findest du Regeln, die du beim Inline-Skating beachten musst.

REGELN

Sei immer höflich zu Fußgängern und Radfahrern.

Überhole immer links und mache dich dabei durch

Rufen bemerkbar. Bedanke dich, wenn dich jemand vorbeilässt.

Befolge grundsätzlich die Straßenverkehrsregeln.

Laufe immer auf der rechten Seite.

Laufe niemals mit deinen Inlinern auf Verkehrsflächen mit starkem Autoverkehr.

Fußgänger haben grundsätzlich vor Inline-Skatern Vorrang.

Trage beim Inline-Skating immer deine Schutzausrüstung.

Achte auf Unebenheiten, Nässe und Öl auf der Straße.

Du musst in der Lage sein, jederzeit stoppen zu können.

Adressen

Hier findest du wichtige Adressen, wenn du dich für den Inline-Sport begeisterst. Schreibe die Verbände an, wenn du mehr über das Inline-Skaten wissen möchtest.

Deutscher Rollsport-Bund e.V.
Rollschnelllauf
Am Grundweg 67
64342 Seeheim-Jugenheim
Tel.: 06257/82250

Deutscher Rollsport-Bund e.V.
Gaugrafenstr. 36
60489 Frankfurt/Main
Tel.: 069/7893474 oder
069/7893664

Hamburger-Skaterfreunde e.V.
Stefan Greinert
Postfach 2104
25437 Tornesch
Tel.: 04122/56971

Skate-Magazin,
Zeitschrift für Inline-Skater
Mike Neumann
Tel.: 08193/4304

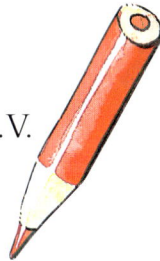

Hier erhältst du Infos über Streethockey, Racing, Aggressive-Skating und das Freizeitlaufen. Die Zeitschrift kannst du auch am Zeitungskiosk bekommen, wenn dein Zeitschriftenhändler sie führt.

Deutscher Inline-Skater-Verband
Längentalstr. 17
83646 Arzbach
Tel.: 08042/5107

Österreichischer Rollsport Verband
Kundmanngasse 24/3
A-1030 Wien
Tel.: 00431/7140203

Schweizer Rollsport Verband
z.Hd. Herrn Egli
August-Müller-Str. 7
CH-8134 Adliswil
Tel.: 00411/7101342

In vielen Großstädten gibt es so genannte Inline-Parks, wo sich die Inline-Skater treffen. Ob es so einen Park in einer größeren Stadt deiner Nähe gibt, erfährst du über den Fremdenverkehrsverband.

Kleines Inline-ABC

Es wurde schon erwähnt, dass Inline-Skater ihre eigene Sprache besitzen. Die meisten Ausdrücke kommen aus Amerika, wo der Inline-Sport seinen Anfang hatte. Damit du mitreden kannst, findest du hier einige wichtige Ausdrücke und ihre Bedeutung.

Bail (sprich: beil): Sturz, bei dem der Läufer jederzeit die Kontrolle behält.

Balls (sprich ungefähr: bolls): Kugeln im Kugellager

Bearing (sprich: biering): Kugellager der Inliner

Blur (sprich ungefähr: blö): Jemand, der mit hoher Geschwindigkeit fahren kann.

Buckle (sprich: backel): Schnallen an den Inlinern, mit denen man den Schuh am Fuß befestigt.

Bunny (sprich: banni): Anfänger beim Inline-Skating. Einen Bunny erkennt man daran, dass er sich überall festhält, damit er nicht hinfällt.

DIV: Deutscher Inline-Skate-Verband

Downhill (sprich: daunhill): Bergabrennen auf Inlinern. Es ist sehr gefährlich und wird nur von absoluten Könnern durchgeführt.

Drafting: Windschattenfahren, wobei ein Inline-Skater dem anderen hinterherläuft.

Equipment: Ausrüstung für den Inline-Skater

Fakie (sprich: fäiki): Bezeichnung für das Rückwärtslaufen

Frame (sprich: främ): Gestell, an dem die Rollen der Inliner angebracht sind.

Halfpipe (sprich: hafpeip): Rampe, die aussieht wie eine halbe Röhre. Sie hat eine Höhe von drei bis vier Metern.

Indoor: Inline-Skating in der Halle

Jump Ramp (sprich: dschamp rämb): Rampe beim Jump

Jump (sprich: dschamp): Disziplin des Aggressive-Skating. Gemeint ist damit der Hochsprung mit Anlauf über eine Rampe.

Mounting (sprich: maunting): Anmontieren der Inliner

Racing (sprich ungefähr: räzink): Ein Rennen auf Inlinern

Road Race (sprich: rot räß): Bezeichnung für ein Straßenrennen

Road Rash (sprich: rot räsch): Sturz, bei dem man Schürfwunden bekommt.

Skates (sprich: skeits): Inline-Schuhe

Slam (sprich: slämm): Sturz, bei dem man sich wehtut.

Speed (sprich: spiehd): Disziplin im Race-Bereich des Inline-Skatings, bei dem hohe Geschwindigkeiten erreicht werden. Speed heißt auch Tempo oder Tempo machen. Im Speed-Bereich gibt es auch Inline-Skates mit fünf Rollen.

Track (sprich: träck): Rollschuhbahn, auf der man auch mit Inlinern fahren kann.

T-Stopp: Bremstechnik, bei der man den hinteren Inliner quer stellt.

Wheels (sprich: wiehls): Rollen der Inliner

Vom selben Autor ist im FALKEN Verlag bereits erschienen: Mein Fußballbuch (4900)

In dieser Reihe sind im FALKEN Verlag bereits zahlreiche Titel erschienen: Mein Ballettbuch (4990), Mein erstes Pferdebuch (4896), Mein Umzugsbuch (4895), Mein Mutmachbuch (4897)

Dieses Buch wurde auf chlorfrei gebleichtem und säurefreiem Papier gedruckt.

Der Text dieses Buches entspricht den Regeln der neuen deutschen Rechtschreibung.

Wir danken Anke Bartl, Sylvio Bartl, Mike Bierbach, Frank Eichbaum, Thomas Fulst, Oliver Kelling, Maximilian Meuche, Josefine Schulz und Friederike Zachau für die tolle Mitarbeit.

Folgenden Firmen danken wir für die freundliche Unterstützung:

Casco Schutzhelme GmbH
Gewerbering Süd 11
01900 Bretnig/DD
Tel.: 035955/839-0

Oxygen Atomic-Deutschland
Am Kirchenhölzl 13
82166 Gräfelfing
Tel.: 089/89801-03

ISBN 3 8068 7335 6

Umschlaggestaltung: Peter Udo Pinzer
Gestaltung: Horst Bachmann
Redaktion: Simone Schätzler
Herstellung: Sabine Vogt
Titelbild: Thomas Schulz, Hohen Neuendorf
Rückseitenbild (U4): Lila L. Leiber, Hannover
Fotos: Archiv für Kunst und Geschichte, Berlin: 8 o. r.; **Archiv Gerstenberg**, Wietze: 8 u. l. (3); alle übrigen Fotos: **Thomas Schulz**, Hohen Neuendorf
Zeichnungen: Lila L. Leiber, Hannover: Rahmen, 3, 4 u. l., 4 M. r., 5 u. r., 7 o. l., 11 u. r., 13 M. (Mensch), 17 o. r., 18 u. l., 19 u. l. (2), 27 u. r., 30 r. Spalte o. r., M. r. (2), 31 (4), 36 (3), 39 (2), 42 u. l., 49 o. r., 52 (3), 55 o. l., 56 (2), 57, 58, 61 M., 62 u. l., 63 u. r., 64; alle übrigen Zeichnungen: **Stelzner Illustration**, Frankfurt/M.

Satz: FALKEN Verlag, Niedernhausen/Ts.
Druck: Sebald Sachsendruck, Plauen